SUDOKU PUZZLES

for the WEEKEND

4	2	5		3	6
1		3		5	2
	1				
2	3		5		4
5		6	2	1	3

FRANK LONGO

JUNIOR

PUZZLE WRIGHT JUNIOR
JUNIOR New York

An Imprint of Sterling Publishing Co., Inc.
1166 Avenue of the Americas
New York, NY 10036

ISBN 978-1-4549-3163-8

Distributed in Canada by Sterling Publishing
c/o Canadian Manda Group, 664 Annette Street
Toronto, Ontario M6S 2C8, Canada
Distributed in the United Kingdom by GMC Distribution Services
Castle Place, 166 High Street, Lewes, East Sussex BN7 1XU, England
Distributed in Australia by NewSouth Books,
University of New South Wales, Sydney, NSW 2052, Australia

For information about custom editions, special sales, and premium
and corporate purchases, please contact Sterling Special Sales at
800-805-5489 or specialsales@sterlingpublishing.com.

Manufactured in Canada
Lot #:
2 4 6 8 10 9 7 5 3 1
11/18

sterlingpublishing.com
puzzlewright.com

INTRODUCTION

USE YOUR MENTAL BRAWN to crush these sudoku puzzles! All you have to do is follow these simple steps:

Use the numbers 1 to 6 to fill in the cells. No number can be repeated in any row or column. When you're done, each row, column, and 2×3 heavy-lined rectangle will contain each number (1–6) exactly once .

To read the example grids, look at the letters along the outside. The letters on top represent vertical columns, and the letters on the left represent horizontal rows. If you put the two together, you'll get the name of a cell. For example, if you start at column E and then move to row J, you'll find cell EJ.

Here's a puzzle for you to try. Let's begin with the 2×3 rectangle in the upper right corner, using columns E and F and rows G, H, and I. This rectangle is missing two numbers: 2 and 5. Check out cell FH. If you look down the F column and across the H row, you'll see that a number 2 already exists in cell CH and in cell FJ—so it can't be what goes in cell FH.

	A	B	C	D	E	F
G				1	6	3
H	3		2		4	
I	6		4			1
J	4			5		2
K		3		2		4
L	1	2	3			

That only leaves number 5. Let's check the rows and columns just to make sure. Yep, there isn't a number 5 yet in row H . . . and there isn't a number 5 in column F. Number 5 it is!

Now that you know where the 5 goes in this rectangle, you can place the number 2 in the remaining empty cell.

You've figured out two important clues that will help you solve the next part of the puzzle. Let's look at the next 2×3 rectangle down, using columns E and F and rows J, K, and L. This rectangle is perfect to do next because it shares two columns, E and F, with the rectangle we just finished, so those columns now contain lots of helpful numbers. You can easily complete column F by sticking the only missing number, 6, into empty cell FL.

	A	B	C	D	E	F
G				1	6	3
H	3		2		4	5
I	6		4		2	1
J	4			5		2
K		3		2		4
L	1	2	3			6

Row L is now only missing two numbers, 4 and 5. Check column E. In cell EH, number 4 is filled in. That means that number 4 must go in cell DL, and number 5 in cell EL.

Now that column D has another number filled in, you can deduce what you need next! Column D is missing numbers 3 and 6. Row I already has a number 6, which tells you that cell DI must be number 3. Now you know that cell DH must be number 6. Using that information, fill in the final missing numbers in rows H and I: 1 in BH, and 5 in BI.

Let's go back to the 2×3 rectangles for help. Focus on the rectangle in the bottom left, which is part of columns A and B and rows J, K, and L. You'll see that this rectangle already has numbers 1, 2, 3, and 4 filled in. This means we're looking for where to put numbers 5 and 6 in cells BJ and AK. Column A has a 6 in it, in cell AI, so the 6 goes in cell BJ, which means the remaining cell, BK, contains the 5.

	A	B	C	D	E	F
G				1	6	3
H	3	1	2	6	4	5
I	6	5	4	3	2	1
J	4			5		2
K		3		2		4
L	1	2	3	4	5	6

Now columns A and B are each only missing one number, so they're a snap to finish. Column A has every number except 2, so that's what goes in cell AG. Similarly, column B is missing number 4, which goes in cell BG. Once you've written those in, you can also fill in cell CG with row G's last missing number, 5.

You're almost there! Let's look at column C. Column C is missing numbers 6 and 1. We just wrote a 6 in cell BJ, so you can put number 1 in cell CJ, and number 6 in cell CK.

And, for the easy-peasy finale . . .

Finish out rows J and K with their last missing numbers: 3 in cell EJ, and 1 in EK.

	A	B	C	D	E	F
G	2	4	5	1	6	3
H	3	1	2	6	4	5
I	6	5	4	3	2	1
J	4	6	1	5	3	2
K	5	3	6	2	1	4
L	1	2	3	4	5	6

You did it! You crushed that sudoku. At the end of this book, there are 9×9 puzzles. But the rules are the same, you just have to use the numbers 1 to 9, instead of only 1 to 6. Using the skills and patterns you figured out in this example, go forth and conquer the remainder of the puzzles in this book.

1

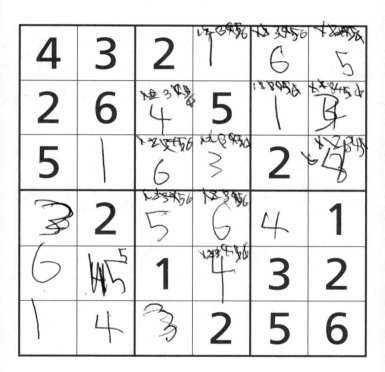

4	3	2	1	6	5
2	6	4	5	1	3
5	1	6	3	2	4
3	2	5	6	4	1
6	5	1	4	3	2
1	4	3	2	5	6

ANSWER, PAGE 84

2

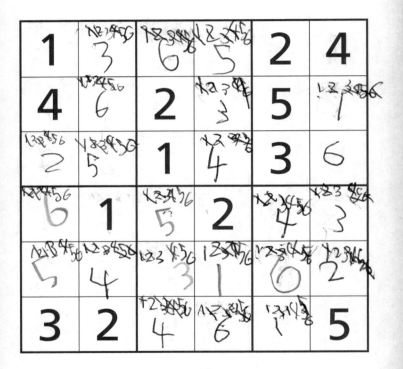

ANSWER, PAGE 84

3

5	3	4			
	2		1	3	
				2	4
2	6				
	5	2		4	
			6	5	2

ANSWER, PAGE 84

4

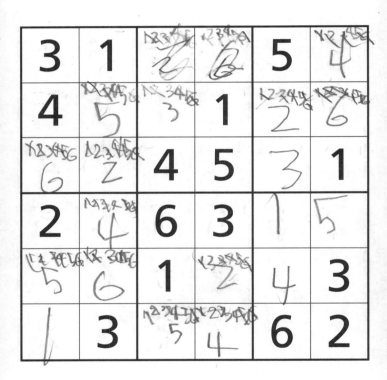

5

235

1	5	2	3	6	4
2	4	5	6	1	3
6	3	4	1	5	2
3	1	6	4	2	5
5	6	3	2	4	1
4	2	1	5	3	6

152

ANSWER, PAGE 84

6

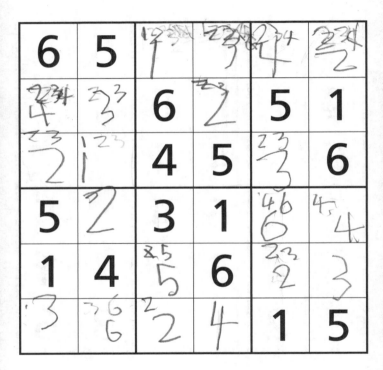

ANSWER, PAGE 84

7

5	2		1		
4			2	1	
		4			2
1			4		
	4	5			1
		1		4	3

ANSWER, PAGE 85

8

1	4	6			
2			1		
			2	6	1
6	5	1			
		3			5
			5	4	6

ANSWER, PAGE 85

9

6		3			4
	3			1	6
	5	6			
			2	3	
3	1			4	
2			3		5

ANSWER, PAGE 85

10

6	3	4			
	4		1	6	
5					4
3					6
	6	3		5	
			6	3	1

ANSWER, PAGE 85

11

2					1	5
	5	4	1			
1		2				
			6			1
		5	4		2	
5	6					3

ANSWER, PAGE 85

12

		2		6	
6	4				
3			6		1
4		5			3
				1	5
	5		2		

ANSWER, PAGE 85

13

3	2		4		
1	5				
	4	3	1		
		6	2	5	
				3	4
		4		6	2

ANSWER, PAGE 86

14

5			1	4	
3	1				
			6	3	1
2	5	6			
				2	3
	3	4			5

ANSWER, PAGE 86

15

5	2				
3	6		1		
	4	2			5
2			3	1	
		1		2	6
				5	3

ANSWER, PAGE 86

16

2	5	3			1
			6	3	
3	6				
				1	6
	1	6			
6			5	4	2

ANSWER, PAGE 86

17

6		5			2
2	1	3			
		2		1	
	6		5		
			2	3	5
5			3		1

ANSWER, PAGE 86

18

2		3			6
	1	2			
	3		4		1
1		6		4	
			2	1	
4			3		2

ANSWER, PAGE 86

19

3			2		5
1			6		
	5			4	
	1			5	
		2			1
6		1			4

ANSWER, PAGE 87

20

4				5	1
	2	6		3	
		1			6
6			3		
	5		1	6	
3	1				5

ANSWER, PAGE 87

21

3					1	4
4	5				2	
		4	3			
		6	4			
	4				5	6
6	3					2

ANSWER, PAGE 87

22

1	3		4		
	6	1			
4				6	
	2				5
			3	1	
		5		2	4

ANSWER, PAGE 87

23

	2	3			6
6	3		5		
		2		1	
	4		3		
		6		4	5
5			1	3	

ANSWER, PAGE 87

24

1	3				2
5		4		1	
	6	1			
			1	2	
	5		4		1
3				5	4

ANSWER, PAGE 87

25

5		2			4
	4			5	
3		4			
			1		3
	6			2	
4			2		1

ANSWER, PAGE 88

26

2	5		1		
6		5	4		
	4				3
5				6	
		4	5		1
		1		3	5

ANSWER, PAGE 88

27

3				1	2
			6	3	5
		3		6	
	2		1		
6	3	2			
5	1				6

ANSWER, PAGE 88

28

6	1				2
5		2		3	
	2	1			
			1	5	
	3		2		6
1				2	4

ANSWER, PAGE 88

6	3				4
2			5		
	5	3			
			2	4	
		6			5
3				6	1

ANSWER, PAGE 88

30

5	1	3			
		6	2		5
	2				4
4				5	
1		5	6		
			1	6	3

ANSWER, PAGE 88

31

4		5		1	
3	1				5
			3	2	
	3	4			
1				4	6
	4		5		1

ANSWER, PAGE 89

32

3	4		5		
			3		2
	6				5
4				2	
6		3			
		1		6	3

ANSWER, PAGE 89

33

1		5	6		
	4	3		6	
6					2
3					5
	1		5	2	
		1	3		6

ANSWER, PAGE 89

34

6	1			4	
3			6		
	5	1	4		
		2	5	6	
		6			4
	6			2	3

ANSWER, PAGE 89

35

1	5				6
	3			5	
		6	5		
		4	1		
	1			2	
4				3	1

ANSWER, PAGE 89

36

1	4	5			
	5		2		4
	6	1			
			5	6	
6		2		4	
			6	3	2

ANSWER, PAGE 89

37

2				1	3
5	3	1			
	6		3		
		5		2	
			4	3	1
4	2				5

ANSWER, PAGE 90

38

5	1	2			
	3			5	
		3	5		4
2		5	3		
	5			4	
			1	2	5

ANSWER, PAGE 90

39

		5	1		
1				4	6
3				1	
	3				1
5	6				3
		6	3		

ANSWER, PAGE 90

40

2	3		5		
5	1		3		
		1			3
6			1		
		3		4	5
		2		1	6

ANSWER, PAGE 90

41

		3	2	1	
3		1			6
	5				2
2				5	
6			4		3
	3	2	1		

ANSWER, PAGE 90

42

2			4	3	
6			3		
3	1				
				2	5
		2			6
	2	4			3

ANSWER, PAGE 90

43

1		2		3	
2		4	3		
	4				6
6				5	
		5	1		3
	3		2		1

ANSWER, PAGE 91

44

	2	3		1	
		2	6		5
6					3
1					2
2		6	3		
	3		2	6	

ANSWER, PAGE 91

45

1	2		6		
4	5				
	3		5		2
5		1		6	
				4	5
		5		2	1

ANSWER, PAGE 91

46

3	2	6			
1	4	3			
5				4	
	5				1
			6	3	4
			1	5	6

ANSWER, PAGE 91

47

1	3				
			1	2	
5	2		6		1
3		5		1	6
	5	1			
				5	3

ANSWER, PAGE 91

48

2			1		5
	3		5		
1	5				
				4	1
		1		2	
6		2			3

ANSWER, PAGE 91

49

6	4	3			
	1	6		5	
5	3				
				3	1
	5		2	6	
			3	2	5

ANSWER, PAGE 92

50

2			4		
	4			3	
6		1	3		2
3		6	5		4
	2			6	
		3			1

ANSWER, PAGE 92

51

	4	1		5	
3		2			
5				6	
	2				4
			4		6
	3		2	1	

ANSWER, PAGE 92

52

4	5			1	
2			6		5
		5			3
6			2		
3		4			2
	2			3	4

ANSWER, PAGE 92

53

4			2	6	
	3		6		1
1				5	
	1				5
5		2		3	
	2	3			4

ANSWER, PAGE 92

54

6			4	3	
3		5			
1				5	
	3				2
			3		5
	6	4			3

ANSWER, PAGE 92

55

3			6		2
	5	4			
4	6				
				5	1
			2	3	
1		6			4

ANSWER, PAGE 93

56

			8		1		9	2
1				7				
9		4					6	
	3		9		6		2	
		1				3		
	8		1		7		5	
	4					5		8
				9				6
8	6		4		2			

ANSWER, PAGE 93

57

6			3	9			4	
		8		4			5	
	1	2						3
		9	4	1				
7		5				3		4
			6	7	8			
8						5	6	
	3			7		1		
	7			2	1			9

ANSWER, PAGE 93

58

	9				6		1	
	3		7	5				
8			2				4	7
7		6				4		
5		8				9		3
		3				2		6
4	6				5			2
				4	9		6	
	8		1				9	

ANSWER, PAGE 93

59

3	2				4		6	
			1	8		2		
6	8	4						
					8	9		1
1				2				5
8		6	4					
						5	9	2
		2		9	5			
	9		2				1	8

ANSWER, PAGE 93

60

	8			9			7	
5	9		6					
3		7	2					5
		5	7			6		
8	3						2	1
		9			6	4		
2					3	5		8
					8		4	7
	4			5			6	

ANSWER, PAGE 93

61

	2		3	7				
	7	1			5			
4		8					6	
		3	9	8				7
8	4						2	1
7				6	1	4		
	8					2		9
			4			3	1	
				1	2		4	

ANSWER, PAGE 94

62

	9	8	7					
			3	5			2	4
2		4						8
1			4	3			5	
		2				4		
	7			8	9			1
9						2		5
5	6			2	7			
					4	1	9	

ANSWER, PAGE 94

63

			7		3	8		
7	1						4	
2	5			8				7
4					9	7		
		7		5		1		
		6	3					4
8				7			6	2
	3						7	8
		5	2		8			

ANSWER, PAGE 94

64

5	8					6	3	
7		9						
	1		8		5			
		4		7	2			6
9				1				3
3			4	8		1		
			7		3		4	
						8		7
	9	7					1	5

ANSWER, PAGE 94

65

		6	2	3		9		
7			5	6				
	3	4						6
2	7		4					
	1		9		6		3	
				8			1	2
6						1	4	
				5	1			7
		7		4	3	5		

ANSWER, PAGE 94

66

						3	9	4
9	4				8			
		2		5	9			
	9			4				6
	1	3		2		8	7	
5				7			3	
			1	8		2		
			7				5	8
8	2	5						

ANSWER, PAGE 94

67

9	7	8						
4	1			3	9	7		
			7			8		
3					5		9	
		7		8		2		
	9		2					4
		3			2			
		4	1	9			2	7
						4	8	6

ANSWER, PAGE 95

68

		5		6			7	8
	6	7	9					
4			3	1				
1		8					3	
		4	8		5	1		
	3					5		2
				4	6			1
					2	8	6	
7	2			8		9		

ANSWER, PAGE 95

69

			6	4				7
	2	4	3			6		
					8	3		1
8	6					1		
	7		8		3		5	
		9					7	2
2		1	5					
		6			4	2	8	
5				6	9			

ANSWER, PAGE 95

70

	8	9			7		4	
1				5		9		6
			3					2
			3			7	6	
		1	9		2	3		
	9	8			5			
2				8				
8		5		9				4
	3		5			2	1	

ANSWER, PAGE 95

5						3	8	
				7	2		4	6
		3	8					9
			1	3		2		
1	6						3	7
		8		4	7			
9					4	7		
4	3		2	1				
	5	1						4

ANSWER, PAGE 95

72

9		1	3	4				
			7			6	2	
2					8		1	
				7		4	6	
8	5						3	7
	7	2		9				
	3		2					8
	9	5			1			
				3	4	5		6

ANSWER, PAGE 95

73

	3						1	9
		1	8		5			
8	6					5		
	7	4		9				8
			1	7	3			
5				4		1	7	
		9					5	2
			9		7	6		
2	4						8	

ANSWER, PAGE 96

74

	3				6		9	
2	8			3			5	
		7		9	5			
		6					3	8
8			3		7			9
9	4					7		
			7	2		3		
	5			8			2	4
	2		1				7	

ANSWER, PAGE 96

75

7	9	4						
		1		2			3	
2			9		4		6	
		5	4					2
			2	1	9			
9					6	3		
	2		1		5			7
	5			8		6		
						2	5	4

ANSWER, PAGE 96

76

	5		9			6	7	
				4	1	9		
3	8							1
				9		5		7
6			3		5			9
2		5		7				
5							3	8
		4	6	3				
	3	8			7		4	

ANSWER, PAGE 96

77

	5		4	2		1		
1				3				
3					5	2	7	
2		7	3					
	4	9				7	6	
					4	5		2
	2	8	5					6
				9				7
		3		7	2		8	

ANSWER, PAGE 96

1

4	3	2	1	6	5
2	6	4	5	1	3
5	1	6	3	2	4
3	2	5	6	4	1
6	5	1	4	3	2
1	4	3	2	5	6

2

1	3	6	5	2	4
4	6	2	3	5	1
2	5	1	4	3	6
6	1	5	2	4	3
5	4	3	6	1	2
3	2	4	1	6	5

3

5	3	4	2	6	1
4	2	6	1	3	5
6	1	3	5	2	4
2	6	5	4	1	3
1	5	2	3	4	6
3	4	1	6	5	2

4

3	1	2	6	5	4
4	5	3	1	2	6
6	2	4	5	3	1
2	4	6	3	1	5
5	6	1	2	4	3
1	3	5	4	6	2

5

1	5	2	3	6	4
2	4	5	6	1	3
6	3	4	1	5	2
3	1	6	4	2	5
5	6	3	2	4	1
4	2	1	5	3	6

6

6	5	1	3	4	2
4	3	6	2	5	1
2	1	4	5	3	6
5	2	3	1	6	4
1	4	5	6	2	3
3	6	2	4	1	5

7

5	2	6	1	3	4
4	6	3	2	1	5
3	1	4	5	6	2
1	3	2	4	5	6
6	4	5	3	2	1
2	5	1	6	4	3

8

1	4	6	3	5	2
2	6	5	1	3	4
5	3	4	2	6	1
6	5	1	4	2	3
4	2	3	6	1	5
3	1	2	5	4	6

9

6	2	3	1	5	4
4	3	2	5	1	6
1	5	6	4	2	3
5	6	4	2	3	1
3	1	5	6	4	2
2	4	1	3	6	5

10

6	3	4	2	1	5
2	4	5	1	6	3
5	1	6	3	2	4
3	2	1	5	4	6
1	6	3	4	5	2
4	5	2	6	3	1

11

2	4	6	3	1	5
6	5	4	1	3	2
1	3	2	5	6	4
4	2	3	6	5	1
3	1	5	4	2	6
5	6	1	2	4	3

12

5	1	2	3	6	4
6	4	1	5	3	2
3	2	4	6	5	1
4	6	5	1	2	3
2	3	6	4	1	5
1	5	3	2	4	6

13

3	2	5	4	1	6
1	5	2	6	4	3
6	4	3	1	2	5
4	3	6	2	5	1
2	6	1	5	3	4
5	1	4	3	6	2

14

5	6	3	1	4	2
3	1	2	4	5	6
4	2	5	6	3	1
2	5	6	3	1	4
6	4	1	5	2	3
1	3	4	2	6	5

15

5	2	3	4	6	1
3	6	5	1	4	2
1	4	2	6	3	5
2	5	6	3	1	4
4	3	1	5	2	6
6	1	4	2	5	3

16

2	5	3	4	6	1
1	4	2	6	3	5
3	6	5	1	2	4
5	2	4	3	1	6
4	1	6	2	5	3
6	3	1	5	4	2

17

6	3	5	1	4	2
2	1	3	4	5	6
4	5	2	6	1	3
3	6	1	5	2	4
1	4	6	2	3	5
5	2	4	3	6	1

18

2	4	3	1	5	6
5	1	2	6	3	4
6	3	5	4	2	1
1	2	6	5	4	3
3	6	4	2	1	5
4	5	1	3	6	2

19

3	6	4	2	1	5
1	4	5	6	2	3
2	5	3	1	4	6
4	1	6	3	5	2
5	3	2	4	6	1
6	2	1	5	3	4

20

4	6	3	2	5	1
1	2	6	5	3	4
5	3	1	4	2	6
6	4	5	3	1	2
2	5	4	1	6	3
3	1	2	6	4	5

21

3	6	2	5	1	4
4	5	1	6	2	3
2	1	4	3	6	5
5	2	6	4	3	1
1	4	3	2	5	6
6	3	5	1	4	2

22

1	3	6	4	5	2
2	6	1	5	4	3
4	5	3	2	6	1
6	2	4	1	3	5
5	4	2	3	1	6
3	1	5	6	2	4

23

1	2	3	4	5	6
6	3	1	5	2	4
4	5	2	6	1	3
2	4	5	3	6	1
3	1	6	2	4	5
5	6	4	1	3	2

24

1	3	6	5	4	2
5	2	4	3	1	6
4	6	1	2	3	5
6	4	5	1	2	3
2	5	3	4	6	1
3	1	2	6	5	4

25

5	1	2	6	3	4
6	4	1	3	5	2
3	2	4	5	1	6
2	5	6	1	4	3
1	6	3	4	2	5
4	3	5	2	6	1

26

2	5	3	1	4	6
6	3	5	4	1	2
1	4	6	2	5	3
5	1	2	3	6	4
3	6	4	5	2	1
4	2	1	6	3	5

27

3	6	5	4	1	2
2	4	1	6	3	5
1	5	3	2	6	4
4	2	6	1	5	3
6	3	2	5	4	1
5	1	4	3	2	6

28

6	1	3	5	4	2
5	4	2	6	3	1
3	2	1	4	6	5
2	6	4	1	5	3
4	3	5	2	1	6
1	5	6	3	2	4

29

6	3	2	1	5	4
2	1	4	5	3	6
4	5	3	6	1	2
5	6	1	2	4	3
1	4	6	3	2	5
3	2	5	4	6	1

30

5	1	3	4	2	6
3	4	6	2	1	5
6	2	1	5	3	4
4	6	2	3	5	1
1	3	5	6	4	2
2	5	4	1	6	3

31

4	2	5	6	1	3
3	1	2	4	6	5
5	6	1	3	2	4
6	3	4	1	5	2
1	5	3	2	4	6
2	4	6	5	3	1

32

3	4	2	5	1	6
1	5	6	3	4	2
2	6	4	1	3	5
4	3	5	6	2	1
6	1	3	2	5	4
5	2	1	4	6	3

33

1	2	5	6	3	4
5	4	3	2	6	1
6	3	4	1	5	2
3	6	2	4	1	5
4	1	6	5	2	3
2	5	1	3	4	6

34

6	1	3	2	4	5
3	4	5	6	1	2
2	5	1	4	3	6
4	3	2	5	6	1
1	2	6	3	5	4
5	6	4	1	2	3

35

1	5	2	3	4	6
6	3	1	4	5	2
2	4	6	5	1	3
3	2	4	1	6	5
5	1	3	6	2	4
4	6	5	2	3	1

36

1	4	5	3	2	6
3	5	6	2	1	4
2	6	1	4	5	3
4	2	3	5	6	1
6	3	2	1	4	5
5	1	4	6	3	2

37

2	4	6	5	1	3
5	3	1	2	4	6
1	6	4	3	5	2
3	1	5	6	2	4
6	5	2	4	3	1
4	2	3	1	6	5

38

5	1	2	4	3	6
4	3	1	6	5	2
6	2	3	5	1	4
2	4	5	3	6	1
1	5	6	2	4	3
3	6	4	1	2	5

39

6	4	5	1	3	2
1	5	3	2	4	6
3	2	4	6	1	5
4	3	2	5	6	1
5	6	1	4	2	3
2	1	6	3	5	4

40

2	3	4	5	6	1
5	1	6	3	2	4
4	6	1	2	5	3
6	4	5	1	3	2
1	2	3	6	4	5
3	5	2	4	1	6

41

4	6	3	2	1	5
3	2	1	5	4	6
1	5	4	6	3	2
2	4	6	3	5	1
6	1	5	4	2	3
5	3	2	1	6	4

42

2	5	6	4	3	1
6	4	1	3	5	2
3	1	5	2	6	4
4	6	3	1	2	5
1	3	2	5	4	6
5	2	4	6	1	3

43

1	5	2	6	3	4
2	6	4	3	1	5
3	4	1	5	2	6
6	1	3	4	5	2
4	2	5	1	6	3
5	3	6	2	4	1

44

4	2	3	5	1	6
3	1	2	6	4	5
6	5	4	1	2	3
1	6	5	4	3	2
2	4	6	3	5	1
5	3	1	2	6	4

45

1	2	3	6	5	4
4	5	2	1	3	6
6	3	4	5	1	2
5	4	1	2	6	3
2	1	6	3	4	5
3	6	5	4	2	1

46

3	2	6	4	1	5
1	4	3	5	6	2
5	6	1	2	4	3
6	5	4	3	2	1
2	1	5	6	3	4
4	3	2	1	5	6

47

1	3	2	5	6	4
4	6	3	1	2	5
5	2	4	6	3	1
3	4	5	2	1	6
6	5	1	3	4	2
2	1	6	4	5	3

48

2	6	4	1	3	5
4	3	6	5	1	2
1	5	3	2	6	4
3	2	5	6	4	1
5	4	1	3	2	6
6	1	2	4	5	3

49

6	4	3	5	1	2
2	1	6	4	5	3
5	3	2	1	4	6
4	2	5	6	3	1
3	5	1	2	6	4
1	6	4	3	2	5

50

2	3	5	4	1	6
1	4	2	6	3	5
6	5	1	3	4	2
3	1	6	5	2	4
5	2	4	1	6	3
4	6	3	2	5	1

51

2	4	1	6	5	3
3	6	2	5	4	1
5	1	4	3	6	2
6	2	5	1	3	4
1	5	3	4	2	6
4	3	6	2	1	5

52

4	5	2	3	1	6
2	3	1	6	4	5
1	6	5	4	2	3
6	4	3	2	5	1
3	1	4	5	6	2
5	2	6	1	3	4

53

4	5	1	2	6	3
2	3	5	6	4	1
1	6	4	3	5	2
3	1	6	4	2	5
5	4	2	1	3	6
6	2	3	5	1	4

54

6	5	2	4	3	1
3	4	5	1	2	6
1	2	3	6	5	4
4	3	1	5	6	2
2	1	6	3	4	5
5	6	4	2	1	3

55

3	1	5	6	4	2
2	5	4	1	6	3
4	6	2	3	1	5
6	2	3	4	5	1
5	4	1	2	3	6
1	3	6	5	2	4

56

3	5	6	8	4	1	7	9	2
1	2	8	6	7	9	4	3	5
9	7	4	3	2	5	8	6	1
5	3	7	9	8	6	1	2	4
6	9	1	2	5	4	3	8	7
4	8	2	1	3	7	6	5	9
2	4	9	7	6	3	5	1	8
7	1	3	5	9	8	2	4	6
8	6	5	4	1	2	9	7	3

57

6	5	7	3	9	8	2	4	1
3	9	8	1	4	2	7	5	6
4	1	2	7	5	6	9	8	3
2	8	9	4	1	3	6	7	5
7	6	5	2	8	9	3	1	4
1	4	3	5	6	7	8	9	2
8	2	1	9	3	4	5	6	7
9	3	4	6	7	5	1	2	8
5	7	6	8	2	1	4	3	9

58

2	9	7	4	8	6	3	1	5
6	3	4	7	5	1	8	2	9
8	5	1	2	9	3	6	4	7
7	2	6	9	3	8	4	5	1
5	1	8	6	2	4	9	7	3
9	4	3	5	1	7	2	8	6
4	6	9	8	7	5	1	3	2
1	7	2	3	4	9	5	6	8
3	8	5	1	6	2	7	9	4

59

3	2	1	5	7	4	8	6	9
9	7	5	1	8	6	2	3	4
6	8	4	9	3	2	1	5	7
2	3	7	6	5	8	9	4	1
1	4	9	7	2	3	6	8	5
8	5	6	4	1	9	7	2	3
7	6	8	3	4	1	5	9	2
4	1	2	8	9	5	3	7	6
5	9	3	2	6	7	4	1	8

60

1	8	4	3	9	5	2	7	6
5	9	2	6	7	1	8	3	4
3	6	7	2	8	4	9	1	5
4	1	5	7	3	2	6	8	9
8	3	6	5	4	9	7	2	1
7	2	9	8	1	6	4	5	3
2	7	1	4	6	3	5	9	8
6	5	3	9	2	8	1	4	7
9	4	8	1	5	7	3	6	2

61

6	2	5	3	7	8	1	9	4
9	7	1	6	4	5	8	3	2
4	3	8	1	2	9	7	6	5
2	1	3	9	8	4	6	5	7
8	4	6	7	5	3	9	2	1
7	5	9	2	6	1	4	8	3
1	8	4	5	3	6	2	7	9
5	6	2	4	9	7	3	1	8
3	9	7	8	1	2	5	4	6

62

3	9	8	7	4	2	5	1	6
7	1	6	3	5	8	9	2	4
2	5	4	6	9	1	3	7	8
1	8	9	4	3	6	7	5	2
6	3	2	1	7	5	4	8	9
4	7	5	2	8	9	6	3	1
9	4	7	8	1	3	2	6	5
5	6	1	9	2	7	8	4	3
8	2	3	5	6	4	1	9	7

63

9	6	4	7	2	3	8	5	1
7	1	8	6	9	5	2	4	3
2	5	3	1	8	4	6	9	7
4	2	1	8	6	9	7	3	5
3	9	7	4	5	2	1	8	6
5	8	6	3	1	7	9	2	4
8	4	9	5	7	1	3	6	2
1	3	2	9	4	6	5	7	8
6	7	5	2	3	8	4	1	9

64

5	8	2	9	4	7	6	3	1
7	4	9	6	3	1	5	2	8
6	1	3	8	2	5	7	9	4
1	5	4	3	7	2	9	8	6
9	2	8	5	1	6	4	7	3
3	7	6	4	8	9	1	5	2
8	6	1	7	5	3	2	4	9
2	3	5	1	9	4	8	6	7
4	9	7	2	6	8	3	1	5

65

8	5	6	2	3	4	9	7	1
7	2	1	5	6	9	3	8	4
9	3	4	1	8	7	2	5	6
2	7	3	4	1	5	8	6	9
4	1	8	9	2	6	7	3	5
5	6	9	3	7	8	4	1	2
6	8	5	7	9	2	1	4	3
3	4	2	8	5	1	6	9	7
1	9	7	6	4	3	5	2	8

66

6	5	8	2	1	7	3	9	4
9	4	1	6	3	8	7	2	5
3	7	2	4	5	9	6	8	1
2	9	7	8	4	3	5	1	6
4	1	3	5	2	6	8	7	9
5	8	6	9	7	1	4	3	2
7	6	9	1	8	5	2	4	3
1	3	4	7	6	2	9	5	8
8	2	5	3	9	4	1	6	7

67

9	7	8	5	2	4	6	3	1
4	1	6	8	3	9	7	5	2
2	3	5	7	1	6	8	4	9
3	6	2	4	7	5	1	9	8
5	4	7	9	8	1	2	6	3
8	9	1	2	6	3	5	7	4
7	8	3	6	4	2	9	1	5
6	5	4	1	9	8	3	2	7
1	2	9	3	5	7	4	8	6

68

9	1	5	2	6	4	3	7	8
3	6	7	9	5	8	2	1	4
4	8	2	3	1	7	6	5	9
1	5	8	6	2	9	4	3	7
2	7	4	8	3	5	1	9	6
6	3	9	4	7	1	5	8	2
8	9	3	5	4	6	7	2	1
5	4	1	7	9	2	8	6	3
7	2	6	1	8	3	9	4	5

69

9	8	3	6	4	1	5	2	7
1	2	4	3	7	5	6	9	8
6	5	7	9	2	8	3	4	1
8	6	5	7	9	2	1	3	4
4	7	2	8	1	3	9	5	6
3	1	9	4	5	6	8	7	2
2	3	1	5	8	7	4	6	9
7	9	6	1	3	4	2	8	5
5	4	8	2	6	9	7	1	3

70

5	8	9	6	2	7	1	4	3
1	2	3	8	5	4	9	7	6
6	4	7	1	3	9	8	5	2
4	5	2	3	1	8	7	6	9
7	6	1	9	4	2	3	8	5
3	9	8	7	6	5	4	2	1
2	1	6	4	8	3	5	9	7
8	7	5	2	9	1	6	3	4
9	3	4	5	7	6	2	1	8

71

5	7	6	4	9	1	3	8	2
8	1	9	3	7	2	5	4	6
2	4	3	8	6	5	1	7	9
7	9	4	1	3	6	2	5	8
1	6	5	9	2	8	4	3	7
3	2	8	5	4	7	6	9	1
9	8	2	6	5	4	7	1	3
4	3	7	2	1	9	8	6	5
6	5	1	7	8	3	9	2	4

72

9	6	1	3	4	2	7	8	5
5	8	3	7	1	9	6	2	4
2	4	7	5	6	8	3	1	9
3	1	9	8	7	5	4	6	2
8	5	4	1	2	6	9	3	7
6	7	2	4	9	3	8	5	1
4	3	6	2	5	7	1	9	8
7	9	5	6	8	1	2	4	3
1	2	8	9	3	4	5	7	6

73

4	3	5	7	6	2	8	1	9
9	2	1	8	3	5	7	6	4
8	6	7	4	1	9	5	2	3
1	7	4	5	9	6	2	3	8
6	8	2	1	7	3	4	9	5
5	9	3	2	4	8	1	7	6
7	1	9	6	8	4	3	5	2
3	5	8	9	2	7	6	4	1
2	4	6	3	5	1	9	8	7

74

4	3	5	8	7	6	2	9	1
2	8	9	4	3	1	6	5	7
1	6	7	2	9	5	4	8	3
5	7	6	9	4	2	1	3	8
8	1	2	3	6	7	5	4	9
9	4	3	5	1	8	7	6	2
6	9	8	7	2	4	3	1	5
7	5	1	6	8	3	9	2	4
3	2	4	1	5	9	8	7	6

75

7	9	4	3	6	1	8	2	5
5	6	1	8	2	7	4	3	9
2	3	8	9	5	4	7	6	1
6	7	5	4	3	8	1	9	2
8	4	3	2	1	9	5	7	6
9	1	2	5	7	6	3	4	8
3	2	6	1	4	5	9	8	7
4	5	9	7	8	2	6	1	3
1	8	7	6	9	3	2	5	4

76

4	5	1	9	8	3	6	7	2
7	6	2	5	4	1	9	8	3
3	8	9	7	6	2	4	5	1
8	1	3	2	9	4	5	6	7
6	4	7	3	1	5	8	2	9
2	9	5	8	7	6	3	1	4
5	7	6	4	2	9	1	3	8
1	2	4	6	3	8	7	9	5
9	3	8	1	5	7	2	4	6

77

9	5	6	4	2	7	1	3	8
1	7	2	9	3	8	6	5	4
3	8	4	6	1	5	2	7	9
2	6	7	3	5	9	8	4	1
5	4	9	2	8	1	7	6	3
8	3	1	7	6	4	5	9	2
7	2	8	5	4	3	9	1	6
4	1	5	8	9	6	3	2	7
6	9	3	1	7	2	4	8	5

$6.95 U.S.
$9.50 CAN.

ENJOY SOLVING *77* COOL
SUDOKU
PUZZLES *especially for kids!*

When school's out for the weekend, you're ready for some downtime fun. Grab this book and a pencil, hang out, and take a break by solving sudoku puzzles. Ever try a sudoku before? Just fill in the boxes so that each row, column, and heavily outlined region contains each number exactly once. These puzzles are also perfect when you're traveling with the family, looking for something to do on a stormy summer day, chilling at the beach, relaxing at a picnic—and even before you go to sleep!

ALSO AVAILABLE

PUZZLEWRIGHT JUNIOR
An Imprint of Sterling Publishing Co., Inc.
1166 Avenue of the Americas
New York, NY 10036

ISBN 978-1-4549-3163-8

9 781454 931638

5 0 6 9 5 >

Manufactured in Canada